AF227488

NOTICE

SUR

LA VIE ET LES OUVRAGES

DE M. L.-B. FRANCŒUR,

Membre de l'Institut, Professeur à la Faculté des Sciences de Paris et au Collége Charle-
magne; Chevalier de l'Ordre royal de la Légion d'honneur, Officier de l'Université, ex-
Examinateur des candidats à l'École Polytechnique; Membre des Sociétés Philomathique,
d'Encouragement pour l'industrie nationale, royale et centrale d'Agriculture de la
Seine, etc.; Membre honoraire du Département de la Marine russe; des Académies de Saint-
Pétersbourg, Rouen, Lyon, Cambrai, Toulouse, Lisbonne, Édimbourg etc.

PAR M. FRANCOEUR FILS,

PROFESSEUR DE MATHÉMATIQUES SPÉCIALES AU COLLÉGE CHAPTAL
ET À L'ÉCOLE IMPÉRIALE DES BEAUX-ARTS.

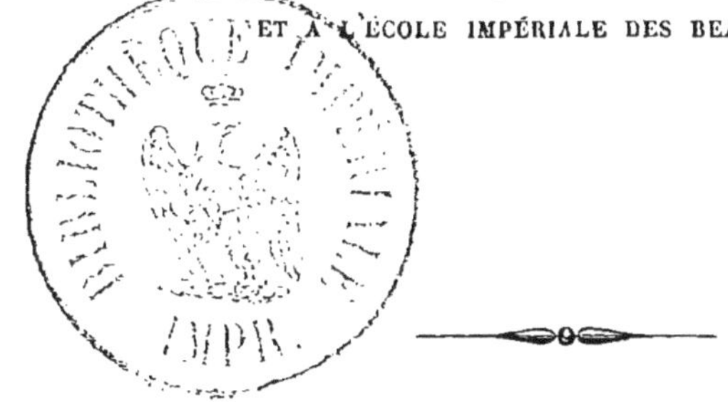

PARIS,

GAUTHIER-VILLARS, IMPRIMEUR-LIBRAIRE

DU BUREAU DES LONGITUDES, DE L'ÉCOLE IMPÉRIALE POLYTECHNIQUE,

SUCCESSEUR DE MALLET-BACHELIER,

Quai des Augustins, 55.

—

1866

NOTICE

sur

LA VIE ET LES OUVRAGES

DE M. L.-B. FRANCOEUR.

LOUIS-BENJAMIN FRANCOEUR naquit le 17 août 1773 : son père était alors surintendant de la musique du roi. Il fut élevé au collége d'Harcourt, et à seize ans il achevait sa rhétorique sous M. l'abbé Guéroult, et complétait ses études scientifiques au collége de Navarre en suivant les cours de Mathématiques et les leçons de Physique professées par M. Buisson. Malgré les soins de maîtres si distingués, et malgré une incontestable facilité naturelle, son esprit vif et léger ne permit pas qu'il obtînt des succès remarquables, et ses premières études ne firent pas présager ce qu'il serait un jour.

En sortant du collége, il entra d'abord chez un notaire : un an s'était à peine écoulé, son père ayant été nommé en 1792 directeur de l'Opéra, il quitta ces premières études de légiste pour devenir sous-caissier de l'administration paternelle.

M. Francœur entrait à peine dans la vie, que de terribles événements politiques éclatèrent de toutes parts : l'heure fatale de 1793 avait sonné; tout à coup son père, attaché dès l'enfance à la famille du roi Louis XVI, est arrêté et jeté en prison, tandis que le fils, accablé d'un coup si douloureux, est lui-même enlevé par la réquisition et emporté sous les murs de Maubeuge. Une séparation si violente dans des circonstances si terribles est doublement cruelle pour tous; mais ceux-là seuls qui connaissent la tendresse extrême qui unissait le père et le fils peuvent seuls aussi estimer la douleur causée par ce cruel événement.

Aussi M. Francœur ne songea-t-il qu'aux moyens de revenir à Paris. Il demanda secours aux modestes études qu'il avait faites. Un ami de son père commandait à Maubeuge, il le fit admettre au concours qui se faisait alors dans la capitale pour recruter le génie : c'est ainsi qu'il revint près de son père, le 17 février 1794. C'était là son seul désir et son véritable but. Mais ce moyen lui manqua bientôt : ses études premières étaient si faibles, qu'il fut refusé aux examens, et, par suite, rappelé au corps. Il avait donc manqué son but, et cette leçon cruelle lui apprit à estimer et à reconnaître le prix du travail. Passons rapidement sur ces jours malheureux; taisons-nous sur tout ce qu'il fit pour échapper à cette triste loi de la réquisition et rester auprès de la prison qui renfermait tout ce qui était cher à son cœur; disons seulement qu'après la journée de thermidor il obtint l'élargissement de ce tendre père, et que dans les dix jours qui suivirent le 24 août 1794 il se maria : il avait alors vingt ans passés, sa femme n'en avait pas seize; en tout trente-six ans à eux deux.

Telle était alors la position critique de M. Francœur; sans fortune, courant après le plus modeste emploi pour faire vivre une jeune femme et son vieux père, il était encore contraint à se cacher pour fuir l'impitoyable loi de la réquisition.

Cette année 1794 se montrait avec la misère et la famine. L'École Polytechnique venait d'être créée : celui qui avait appris si cruellement quel secours pouvait donner le travail contre la mauvaise fortune avait fait de grands efforts pour réparer le temps perdu ; il se présenta à cette École, et fut admis dans les premiers rangs. Le célèbre Monge, qui le distingua toujours avec une bienveillance amicale, l'admit à ses leçons particulières, et bientôt il fut élu chef de brigade par ses propres camarades : il semblait qu'alors le ciel lui ouvrait un refuge désormais assuré ; mais il avait une famille entière à défendre contre l'horrible fléau qui désolait alors la France, la famine, et, à peine sorti de l'École, il fut obligé d'occuper à la Trésorerie un emploi avec lequel il put donner du pain à ceux qu'il était chargé de nourrir.... Hélas ! ce n'était pas encore là qu'il devait trouver le repos, car il retombait alors sous l'empire de la réquisition. Elle réclama ses droits, et il n'eut d'autre refuge contre elle que l'École, où il rentra. Cet événement devait enfin décider de sa destinée : il devait être savant.

A la sortie de l'École où il brillait parmi les premiers, tour à tour dans les ingénieurs géographes et dans l'artillerie, il donna des leçons particulières : il se forma et s'habitua ainsi à la position qu'il devait bientôt occuper ; il apprit l'art difficile d'enseigner, art où il devait bientôt exceller. A sa sortie de l'École en 1798, sous le patronage de M. de Prony, il fut nommé répétiteur à l'École Polytechnique : placé ainsi à la suite des Lagrange, des Fourcroi, des Chaptal, des Bertholet, des Monge et des Laplace, sa modestie fut d'abord effrayée de cette position difficile ; mais cette position même était un encouragement : elle assurait son avenir, et décida sa carrière. Ce fut un stimulant pour son esprit laborieux : il répéta les *Cours* de M. Lacroix, le suppléa souvent, et, disons-le, avec un rare bonheur. Dès cette époque il fut professeur.

En 1800 il publia son premier ouvrage, un *Traité de Mécanique rationnelle,* dont le succès ne fut pas douteux; car deux années étaient à peine écoulées, qu'une seconde édition était épuisée et qu'il faisait paraître la troisième : mais c'était alors un ouvrage tout nouveau, c'était une œuvre complète sur la matière et qui fut réimprimée cinq fois.

M. Francœur s'occupait de travaux mathématiques, mais son goût le poussait vers l'étude des sciences naturelles. A la suite de nombreuses herborisations faites avec Thuillier, il publia une petite *Flore des environs de Paris.* Cet ouvrage, qui n'était qu'un délassement, parut en même temps que la *Mécanique;* mais ce qui n'était d'abord qu'un repos devint bientôt un goût dominant. L'étude des plantes fut suivie de celle des insectes. Une liaison intime se forma entre lui et M. Palissot de Bauvois, membre de l'Institut, et un grand ouvrage *sur les mousses* fut décidé entre eux. La mort de ce collègue si distingué vint seule rompre ces projets à peine mis au jour, et reporta les études de M. Francœur vers les sciences exactes. Cependant il continua par délassement ce qu'il avait conçu d'abord comme un travail principal. Il laisse en manuscrit une *Flore des environs de Paris* d'après la méthode de M. de Jussieu. Un herbier fort considérable, récolté dans ses moments de loisir, et dans les nombreux voyages qu'il fit au service de l'État pendant de longues années, est devenu la propriété de son ami et collègue le Dr Mérat, à qui il en fit présent quelques années avant de mourir.

Il était d'abord chef de bataillon aux ingénieurs géographes, et passait dans l'artillerie en 1803.

En 1804, il quitta la place de répétiteur à l'École Polytechnique pour occuper celle d'examinateur des aspirants à cette École : en même temps il professa les Mathématiques élémentaires à l'École Centrale de la rue Saint-Antoine. L'année suivante, cette École fut transformé en lycée, et il fut appelé à y faire l'enseignement des Mathématiques transcendantes, c'est-à-dire du calcul différentiel et intégral. Enfin, en 1809, il fut compris, comme professeur d'Algèbre supérieure, dans la création de la Faculté des Sciences : il joignit bientôt à ce cours les leçons qu'il a fait imprimer depuis sur la Géodésie, et d'autres leçons sur le Calcul des probabilités, qui sont encore en manuscrit. Cette suite de travaux lui fit concevoir le projet de refaire l'ouvrage de Lacaille, en l'étendant à tout ce qu'on entend par Mathématiques pures : c'est sous ce titre qu'il publia, en 1806, cette véritable bibliothèque des gens qui cultivent le Calcul, et qui comprend en deux volumes l'Arithmétique, la Géométrie, l'Algèbre, les deux Trigonométries, l'Application de l'Algèbre à la Géométrie et le Calcul différentiel et intégral, enfin le Calcul des variations et celui des différences finies. Cet ouvrage, dédié à l'empereur de Russie Alexandre, eut quatre éditions. Il fut traduit en russe et introduit dans les écoles publiques de ce pays.

En 1811, une comète parut qui attira les regards de tout le monde. L'ignorance des mouvements célestes, si généralement répandue, frappa M. Francœur; il conçut immédiatement le plan de son *Uranographie*, et la fit paraître l'année suivante : cet ouvrage eut un grand succès, particulièrement dans la marine; et c'est la sixième édition que nous en avons publiée en 1853 (1). Plus tard, un *Traité d'Astronomie pratique* vint compléter les matières comprises dans ce premier livre : ce fut le fruit d'un long travail et de nombreuses expériences faites par l'auteur, qui avait établi un observatoire à sa maison de Viry. Là, muni d'une bonne lunette méridienne, d'un magnifique théodolite de Gambey, d'un chronomètre de Breguet le père, et d'autres instruments de prix, il fit pendant de longues années de nombreuses expériences de jour et de nuit, dont les résultats forment plusieurs volumes manuscrits qui sont entre nos mains. Il préparait entre autres une table du passage d'une étoile au méridien, table qui fut publiée en Allemagne comme il terminait son travail, ce qui en a rendu la publication inutile.

La carrière de M. Francœur semblait désormais tracée; mais les tristes événements de 1815 vinrent sinon la briser, du moins la modifier sensiblement : il perdit la place d'examinateur de l'École Polytechnique; les chaires de Mathématiques supérieures furent supprimées dans les colléges, de sorte qu'il resta seulement professeur à la Faculté de Paris. Cependant M. Francœur n'était pas un homme politique.... Peut-être l'amitié qui l'attachait au général Carnot fut-elle cause de cette persécution : quoi qu'il en soit, il fut alors ce qu'il a toujours été, d'une rare et franche honnêteté. Fidèle à l'amitié et au malheur, il voulut dédier au noble proscrit une édition de l'*Uranographie* qu'il publiait à cette époque, et il ne céda qu'aux

---

(1) On sollicitait l'Auteur de changer l'opinion qu'il émet sur l'ancienneté du monde, lui montrant une nouvelle voie ouverte à la vente des autres éditions dans certaines écoles; il répondit : *Prouvez-moi d'abord que je me suis trompé, et alors je rectifierai mon erreur.* Ce passage a toujours été maintenu.

pressantes sollicitations de l'illustre savant, qui crai-
gnit pour l'auteur la funeste influence de son nom.
C'est ce que nous prouve une honorable et amicale
correspondance que nous avons entre les mains, et qui
est un titre précieux dont nous devons nous glorifier.

M. Francœur avait alors quarante-deux ans, et,
comme on le voit, une brillante carrière universitaire
était ouverte devant lui ; mais les grands événements
qui changèrent alors les destinées de la France changèrent sa modeste existence. En 1816, il commençait
une nouvelle carrière à la Société d'Encouragement
pour l'Industrie nationale, présidée alors par M. Chaptal : plus tard il continuait sa carrière d'adoption à la
Société d'Enseignement mutuel, dont il fut un des
sociétaires et un des plus laborieux appuis. Laissons à
cet égard parler M. Jomard, qui a été chargé de faire
son éloge auprès de la Société :

« A cette époque, un de vous, qui, pendant plus
» de vingt ans de sa vie, avait entretenu des relations
» d'estime et d'amitié avec un grand nombre de ses
» condisciples dans les Écoles savantes, et parmi ses
» compagnons de voyage en des pays lointains, con-
» çut la pensée, à son retour d'Angleterre, d'adresser
» une circulaire pressante à plus de cent d'entre eux ;
» il les conviait à prendre part à l'œuvre nouvelle,
» œuvre de bien, qui devait tenter leur patriotisme.
» M. Francœur fut l'un des quatre-vingts qui répon-
» dirent sans retard à cet appel.

» Au mois d'août 1816, il était nommé l'un des
» secrétaires de la Société ; il entrait dans les diverses
» Commissions formées tantôt pour les principes de
» l'écriture scolaire, tantôt pour l'introduction du
» *dessin linéaire.* Mais bientôt il a attaché son nom
» à la création de cette dernière branche d'instruc-

» tion, si utile pour toutes les classes de la société.
» On sait que le duc de Cazes, alors ministre de la
» Police, avait désiré d'introduire cette branche dans
» l'École qu'il venait de fonder à Libourne. Il institua
» une Commission *ad hoc;* sur sa demande, M. Fran-
» cœur imagina une méthode absolument nouvelle;
» en même temps qu'il en réglait les principes, il en
» composait les tableaux. C'était une innovation bien
» hardie.

» La Société, frappée de ce résultat et de son utilité
» pour l'industrie, pour tous les arts, sachant aussi
» combien le dessin, cette langue universelle, pouvait
» aider à répandre l'usage de notre admirable système
» métrique, n'hésita pas à l'adopter. C'est par vos
» efforts, Messieurs, que la pratique du dessin scolaire
» s'est généralisée, s'est étendue par toute la France
» et au delà, dans les écoles régimentaires, dans les
» écoles du premier âge, dans les écoles des sourds
» et muets et partout. Honneur à celui qui fut le fon-
» dateur en France, le créateur de cette branche
» d'instruction (1)!

» Il ne négligeait aucune occasion d'aider à la créa-
» tion de nouvelles écoles populaires en y intéressant
» nos anciens amis de l'École Polytechnique, en sti-
» mulant leur zèle patriotique; je citerai pour exem-
» ples l'école de Courbevoie, celle de Noisy-le-Grand,
» celle de Beaumont-sur-Oise, etc. Il trouvait encore
» du temps pour l'examen des ouvrages populaires
» envoyés au concours, et pour assister à toutes les
» Commissions auxquelles il était appelé afin de faire

(1) L'ouvrage de M. Francœur a été dédié à la Société, avec
don de 1500 francs, produit d'une édition : la deuxième édition
et les suivantes ont été dédiées à M. le duc de Cazes.

» les Rapports dont ces Commissions ou lui seul
» étaient chargés. Le journal de la Société renferme
» une longue suite de ces Rapports lumineux sur les
» Traités d'Arithmétique, de poids et mesures, de
» chant et d'art musical, de dessin et de Géométrie,
» écrits qu'il serait bien trop long de citer. Ce qui ne
» serait qu'une preuve de zèle chez un autre était bien
» méritoire chez un savant, chez un professeur public,
» obligé de partager son temps entre des devoirs
» impérieux et la composition d'ouvrages classiques;
» ajoutons chez un homme d'une santé aussi faible
» et délicate. »

M. Jomard s'étend ensuite sur la part que M. Francœur prit à l'établissement et à la propagation du chant dans les écoles publiques selon la méthode Wilhem; sur les établissements des Caisses d'épargne, dont il fut l'un des premiers administrateurs. Enfin, parlant de ses travaux pour la Société d'Encouragement, il dit encore :

« Les travaux de la Société d'Encouragement pour
» l'industrie nationale, surtout, lui enlevaient tout
» loisir. Admis dans cette utile et savante association
» dès l'année 1816, il avait été placé au Comité des
» Arts mécaniques où l'appelaient ses connaissances
» spéciales. Aucun membre de cette Société, même
» depuis l'origine, n'a payé son tribut plus laborieu-
» sement ni avec plus de distinction que M. Fran-
» cœur. Combien de Rapports, de visites dans les ate-
» liers, de travaux de toute espèce, qui ont contribué
» aux progrès de l'industrie française! C'est surtout
» dans la description des instruments d'horlogerie et
» des instruments de musique qu'il excellait; c'est
» aussi par la sûreté de son jugement, quand il fal-
» lait apprécier une machine, en juger l'effet utile,
» en saisir le côté neuf, ou bien la partie défectueuse.

» Que de fois il a été appelé comme arbitre par les
» tribunaux ou par les parties elles-mêmes, et com-
» bien ont brillé alors son impartialité, son équité
» inflexible! On rapporte qu'il exigeait toujours, avant
» d'accepter sa nomination d'expert, que les parties
» s'arrangeraient ensemble. On devait rechercher un
» tel homme pour ces fonctions si délicates, puisqu'à
» la droiture il joignait un coup d'œil plein de saga-
» cité; puisque, à propos d'une pièce d'horlogerie
» très-compliquée, dont il avait rendu compte, Bre-
» guet disait qu'il ne connaissait personne en état de
» faire une exposition à la fois aussi **exacte**, aussi
» concise, aussi lumineuse.

» Nul, peut-être, n'était plus capable que lui de
» publier une *Mécanique pratique*, complément de son
» *Traité de Mécanique élémentaire*. Cette idée ne lui a
» pas échappé, il sentait le besoin d'un tel ouvrage;
» mais il n'a pu que l'ébaucher, entraîné qu'il était par
» la publication du grand *Dictionnaire technologique* en
» vingt-deux volumes in-8 de texte et deux volumes
» in-4 de planches, dont il a fourni à lui seul près
» du quart. Cet ouvrage, commencé en 1822, a été
» terminé en 1835. C'était déjà un grand service rendu
» aux arts et métiers. Les auteurs faisaient par là entrer
» l'industrie nationale en jouissance, en possession de
» toutes les découvertes faites en Chimie, en Physique
» et en Mécanique depuis trente à quarante ans. »

A peine cet important ouvrage était-il terminé, que
M. Francœur fut chargé avec le chimiste Pelouze,
membre de l'Institut, de le réduire en six volumes pour
prévenir la contrefaçon; ce fut même à la suite de ce
travail qu'il composa, comme récréation et pendant
qu'il était aux bains de mer de Granville, ses *Eléments
de Technologie*. Ce volume intéressant est destiné à

l'instruction de la jeunesse et des gens du monde ; c'est
la base de ce qu'on appelle aujourd'ui les études
professionnelles. Ce livre eut deux éditions, dont la
première remonte à 1832.

Cette vie si remplie, dévouée à l'industrie ou à
l'éducation élémentaire, n'avait cependant pas fait
oublier à M. Francœur l'enseignement supérieur des
sciences auquel il s'était voué dans l'origine. Cette
multitude de Rapports de toute espèce (1), qui aurait
suffi à la vie de tant d'autres, n'occupait qu'une partie
de son temps ; il continuait ses travaux scientifiques
de professeur de Faculté. Ainsi, au milieu des réim-
pressions continuelles qu'il était obligé de faire des
ouvrages déjà mentionnés, et sans parler des nombreux
articles qu'il publiait dans le *Bulletin de la Société
d'Encouragement,* dans le *Bulletin universel des Sciences*
de Férussac, ou dans la *Revue encyclopédique* de Julien,
il donnait son concours à la publication de l'*Encyclo-
pédie moderne* de Courtin, dont la troisième édition
vient d'être terminée par Didot, et se compose de
trente volumes (y compris les planches, sans parler
du supplément en treize volumes).

Il faisait paraître :

En 1830, son *Astronomie pratique,* qui est en partie un
Traité de Navigation où sont rassemblés en assez grand
nombre les problèmes et les exemples numériques,
applications de cette science élevée (deux éditions);

---

(1) En 1823, ce fut lui qui fit à la Société d'Encouragement le
Rapport sur la balance de Quintenz et Rollé, aujourd'hui partout
en usage et qu'on nomme balance à bascule. Adressé à tous les
ministres, ce Rapport fit adopter immédiatement cet instrument
dans tous les ateliers du gouvernement. Il est encore l'auteur de
la proposition sur les médailles décernées aux ouvriers contre-
maîtres par la Société, etc

En 1835, son *Traité de Géodésie* (dont la quatrième édition vient de paraître), imprimé à la fois à Paris et à Saint-Pétersbourg : M. de Glinska, colonel attaché à l'ambassade russe, envoyait dans son pays, pour l'École d'État-major, les feuilles traduites à mesure qu'elles sortaient de l'imprimerie ; cet ouvrage important a été dédié à M. le colonel Puissant, son ami, qui venait d'être nommé à l'Institut en concurrence avec lui ;

En 1843, un *Calendrier perpétuel*, publié chez Roret, et précédé d'une Note curieuse sur les calendriers anciens et modernes : une édition nouvelle est toute prête à paraître, considérablement amendée par lui ;

Vers la même époque, différents Mémoires, entre autres un *Traité complet sur l'Aréométrie*, un autre sur les rapports des mesures nouvelles avec les mesures anglaises, un autre sur la résolution des équations algébriques, travaux tous lus à l'Institut ;

Enfin, en 1845, un dernier ouvrage sur l'*Arithmétique pratique*, ayant pour but la simplification des méthodes générales.

Comme on le voit, M. Francœur s'est principalement occupé d'ouvrages d'enseignement ; mais il a touché avec un succès véritable à toutes les parties des sciences exactes et de leur application. La plupart de ses nombreux travaux ont été si heureusement conçus et si habilement exécutés, qu'ils ont été traduits en plusieurs langues étrangères : sa *Mécanique*, ses *Mathématiques pures*, son *Uranographie*, ont été transcrites en *russe*, en *allemand*, en *espagnol*, en *portugais*, en *grec moderne*, par des hommes distingués dont le suffrage est un véritable titre. C'est un sort que n'ont pas tous les ouvrages d'enseignement, et qui prouve une supériorité incontestable.

A la liste de ces nombreuses productions, dont le mérite est aujourd'hui apprécié, combien d'autres ouvrages sont encore inconnus parce qu'ils n'ont pas été publiés! Parlerai-je d'un *Cours d'Algèbre supérieure*, en deux volumes manuscrits; d'un *Calcul des probabilités* prêt pour l'impression, et d'une *Mécanique céleste*, chacun en un volume; d'une *Histoire des Mathématiciens*, dont le premier volume est seul terminé? Enfin parlerai-je d'un *calepin* dont il ne se séparait jamais, et qui renfermait une foule prodigieuse de renseignements de toute espèce : tables de tout genre, formules de toute nature; Mécanique, Physique, Arts et Métiers, Histoire et Chronologie depuis le commencement du monde? Mais je m'arrête, en me demandant comment la vie d'un seul homme peut suffire à tant de choses.

Aussi tous ces travaux considérables étaient-ils suivis de succès nombreux. En 1820, M. Francœur était élu membre de la Société Philomathique; en 1824, il était décoré de la Légion d'honneur; en 1837, il était nommé membre de la Société centrale d'Agriculture; en 1839, il était appelé à présider la Société d'Encouragement, à présider celle des Méthodes, et il était élu vice-président de la Société d'Encouragement. Il ne lui manquait plus que le titre d'Académicien. En 1842, il reçut cette glorieuse couronne, et fut élu, à la presque unanimité, membre libre de l'Institut : il avait antérieurement échoué dans la section de Mathématiques avec une minorité de deux voix.

Cependant ses jours étaient comptés.... La vie de M. Francœur avait été féconde en maladies de toute espèce, et souvent il avait réclamé les services dévoués et intelligents de son ami Dupuytren. Depuis longues années il entreprenait des voyages de santé aux

eaux d'Aix en Savoie, de Bourbonne et de Plombières
ou bien aux bains de mer de Dieppe et de Granville
et chacun de ses voyages donnait lieu à une de ce
productions dont nous n'avons pas parlé, mais qu
témoignent de son esprit laborieux et intelligent...
L'hiver, il cherchait un délassement à ses fatigues, soi
en passant ses soirées au Théâtre-Français, où il fu
longtemps abonné fidèle, soit en faisant de la musiqu
de quatuor, qu'il aimait passionnément, avec des amis
entre autres avec le célèbre de Bériot.... Mais l'heur
dernière avait sonné.... Il fut frappé mortellemen
d'une maladie de la moelle épinière...; alors il aban
donna tout travail...; la lecture, seule, l'occupa...
Horace, dont il avait traduit une partie des *Odes*
La Fontaine, qui remplissait sa mémoire, étaient se
derniers consolateurs...; il passait avec eux ses longue
nuits sans sommeil, jusqu'au moment où il s'éteigni
le 15 décembre 1849, entouré de ses enfants et de s
femme en larmes. Que reste-t-il à ajouter après l'expos
d'une vie si pleine? Et pourtant que je trouve de chose
nouvelles à dire, en parcourant les papiers qu'il
laissés, ou les souvenirs qui sont dans mon cœur!...
Que de travaux sur l'Histoire naturelle, sur la Mécanique usuelle, sur les Mathématiques en général! qu
de notes, de traductions en tous genres ! Musique
Sciences, Lettres, tout a passé sous sa plume.... Que
homme bon, simple, plein de justice et d'honneur
Ah! je croyais le connaître en le voyant vivre; depui
qu'il n'est plus, j'apprends tous les jours que je ne l
connaissais guère, et combien les hommes qui lu
ressemblent sont rares

PARIS. — IMPRIMERIE DE GAUTHIER-VILLARS,
Rue de Seine-Saint-Germain, 10, près l'Institut.

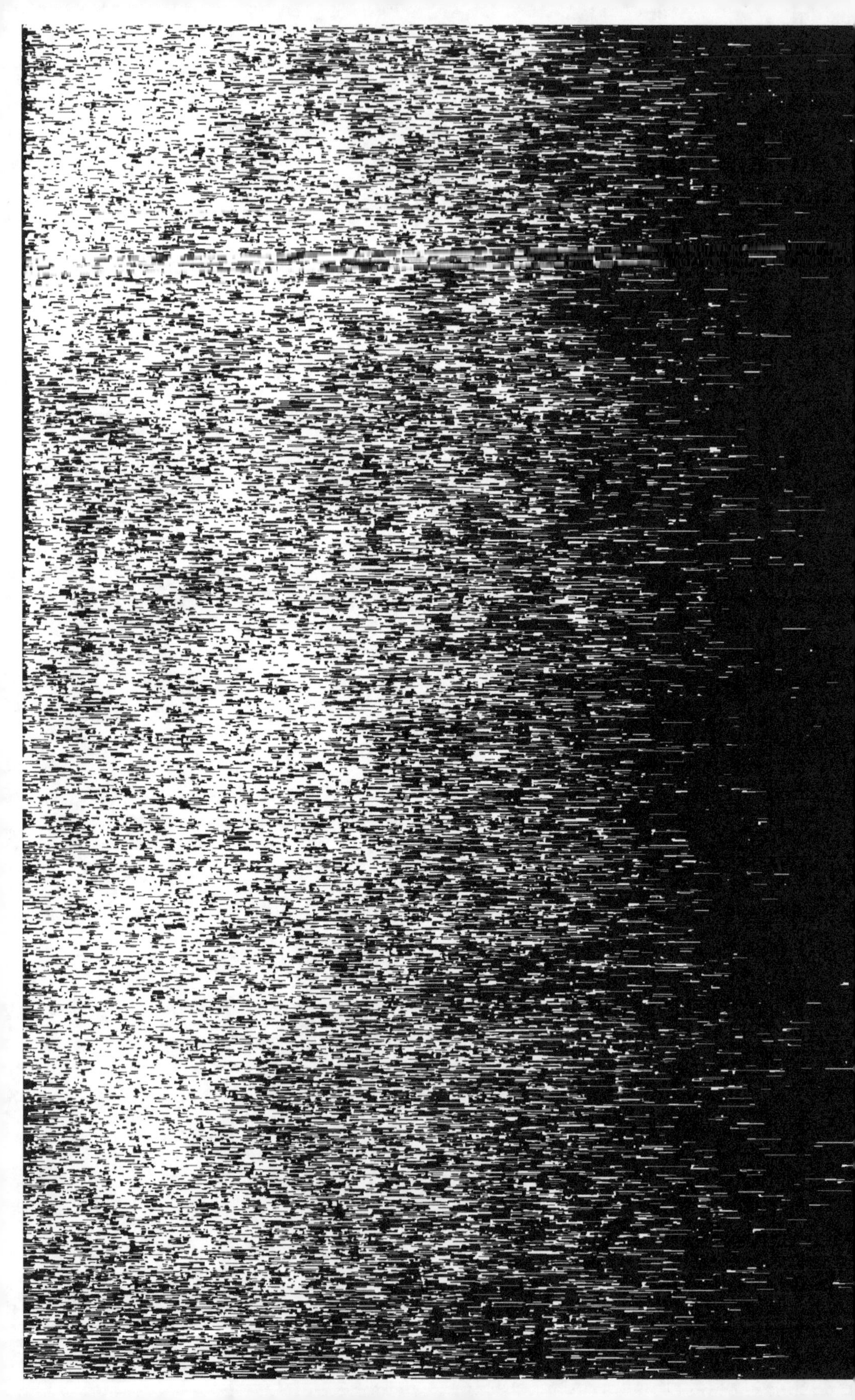

9 782011 743237